लड़की का दूजा रूप आदिशक्ति

पिंकी खंडेलवाल

Made with ♥ on the Notion Press Platform
www.notionpress.com

क्रम-सूची

क्रम-सूची

लेखक के बारे में

उलझनें थी काफी मुश्किलें थी बहुत,
पर न थकी न रूकी,
लिखती गयी अपनी व्यथा को बना अपनी
पहचान,
नहीं पता कहां है मेरी मंजिल,
बस थाम उम्मीद की डोर चल पड़ी उस राह पर,
जहां थे अनेक संघर्ष और थी अनेकों मुश्किल,
पर जब ठान लिया कि करना है तो बस करना
था,
साथ बेशक कोई नहीं पर खुद पर विश्वास था,
और कलम की ताकत से हर कोई वाकिफ था,
चाहे तो बदल दे किस्मत की लकीरों को,
और कहीं लिख दे कोरे कागज पर दुख दर्द और
पीड़ा।

पिंकी खंडेलवाल एक मध्यमवर्गीय परिवार से हैं उसकी साहित्य के साथ साथ चित्रकारी करने और पढ़ने में भी रूचि है उसने अनेकों साहित्यक गतिविधियों में भाग लिया है उसकी रचनाओं को वर्ल्ड रिकॉर्ड बुक में प्रकाशित किया गया है उसे हाल ही में ऑल इंडिया बेस्ट राइटर अवॉर्ड से सम्मानित किया गया है और साथ ही उसे

साहित्यिक क्षेत्र में विभिन्न सम्मानों से सम्मानित किया गया है और उसकी रचनाओं को अनेकों पत्रिकाओं, अखबारों में प्रकाशित किया गया है तथा उसका उद्देश्य अपनी कविताओं से समाज को प्रेरित करना रहा है।

संपादक के बारे में

नाम:- डॉ. सुनील पाटिल

जन्म:- नीमच (मध्यप्रदेश)

मात्रभाषा: - मराठी

शिक्षा:- एम. ए. (हिंदी), एम.फिल. (हिंदी), बी.ए. (हिंदी),
पीएच.डी. (हिंदी)

तकनीकी शिक्षा: अनुवाद एवं पत्रकारिता में स्नातकोत्तर डिप्लोमा

संप्रति: हिंदी परवक्ता, द्वारकादास गोवर्धनदास वैष्णव कॉलेज
(सायं) , चेन्नई -600106.

भाषाओं का ज्ञान:- हिंदी, हिंदी,तमिल,अंग्रेजी

सम्मान:3

• वर्ष 2016 लायंस क्लब इंटरनेशनल पेरिमेड द्वारा बेस्ट टीचर अवार्ड प्राप्त ।

विलक्षाणा एक सार्थक पहल समिति अजायब (हरियाणा) द्वारा विलक्षाणा शोध रतन सम्मान -2021

विलक्षाणा एक सार्थक पहल समिति अजायब (हरियाणा) द्वारा आचार्य चाणक्य सम्मान-2021

• बोहल शोध मज्जूषा द्वारा इन्टरनेशनल टीचर्स प्राइड अवार्ड 2021

• एम.ए. (हिंदी) स्वर्ण पदक प्राप्त (उब शिक्षा और शोध संस्थान, दक्षिण भारत हिन्दी प्रचार सभा की चारों शाखाओं में प्रथम)

• राष्ट्रीय एवं अन्तर्राष्ट्रीय पत्र-पत्रिकाओं में शोधलेख प्रकाशित

ई-मेल : sunilpatil7969@gmail.com

विवरण

उलझनें थी काफी मुश्किलें थी बहुत,

पर न थकी न रूकी,

लिखती गयी अपनी व्यथा को बना अपनी पहचान,

नहीं पता कहां है मेरी मंजिल,

बस थाम उम्मीद की डोर चल पड़ी उस राह पर,

जहां थे अनेक संघर्ष और थी अनेकों मुश्किल,

पर जब ठान लिया कि करना है तो बस करना था,

साथ बेशक कोई नहीं पर खुद पर विश्वास था,

और कलम की ताकत से हर कोई वाकिफ था,

चाहे तो बदल दे किस्मत की लकीरों को,

और कहीं लिख दे कोरे कागज पर दुख दर्द और पीड़ा।

पिंकी खंडेलवाल एक मध्यमवर्गीय परिवार से हैं उसकी साहित्य के साथ साथ चित्रकारी करने और पढ़ने में भी रूचि है उसने अनेकों साहित्यक गतिविधियों में भाग लिया है उसकी रचनाओं को वर्ल्ड रिकॉर्ड बुक में प्रकाशित किया गया है उसे हाल ही में ऑल इंडिया बेस्ट राइटर अवॉर्ड से सम्मानित किया गया है और साथ ही उसे साहित्यिक क्षेत्र में विभिन्न सम्मानों से सम्मानित किया गया है और उसकी रचनाओं को अनेकों पत्रिकाओं, अखबारों में प्रकाशित किया गया है तथा उसका उद्देश्य अपनी कविताओं से समाज को प्रेरित करना रहा है

पुस्तक का विवरण

मेरे किताब का शीर्षकर्ष जितना छोटा है। उसका अर्थ उतना ही प्रवीण,सटुढ़ और प्रभावशाली है। मेरी कविता की हर पक्तिंक्ति नारी शोषित पीड़ा और परुष वर्चरूचव की दास्तांओ के साथ ही नारीशक्ति की झलक मिलती है....

1.

बेशक शर्म उनका गहना है,

पर होता जब उन पर अन्याय,

तो कहता है समाज,

उतार फैंको वो बंधन वो गहना,

जो करता तुम्हारी अस्मिता पर खिलवाड़,

दिखा दो उन शैतानों को,

हम केवल हाथों में चूड़ियां नहीं पहनते,

हमारे हाथों में भी खड्ग की तलवार है.....

2.

माना रीत सदा चली आई,

स्त्री बिना पुरुष न होता सम्मानित,

है अस्तित्व उसका मांग सिंदूर,

और है उसका गौरव वो मंगलसूत्र,

क्योंकि सदा रीत यही चली आई,

पुरूष के आगे स्त्री की बलि चढ़ी आई,

पुरूष महान है वह चाहे कुछ कर ले,

पर स्त्री घर का मान है,

उस खातिर मौन होकर सब सह ले,

क्या यही है हमारा आदर्श समाज,

जिसका सब करते बखान,

अरे धिक्कार है ऐसे समाज को,

और शर्मसार है वो हर इंसान,

जो करता नारी के सम्मान को आहत,

और खुद को कहता महान इंसान.....

आखिर कब तक नारी शोषित होती रहेगी?

मेरी कलम आज करती मुझसे हजारों सवाल क्यों नहीं

लिखती तुम अन्याय के ऊपर क्यों नहीं दिखाती समाज को

आइना तुम्हारी कलम.....

इसलिए आज मेरी कलम उठी है उन सवालों का जबाव देने

के लिए यहां मेरी किताब का उद्देश्य सिर्फ नारी पर हो रहे

अत्याचारों को दिखाना ही नहीं अपितु उन्हें उनसे लड़ने की

उनके खिलाफ आवाज उठाने की प्रेरणा देना रहा

साथ ही उनके माता पिता को बेटी के महत्व को उजागर

करना भी मेरी किताब का एकमात्र उद्देश्य है,

सामना करने दो लड़कियों को उनका,

फौलाद की तरह मजबूत बनाओ. उनको लड़ने की शिक्षा दो.

आप अगर सहम गए तो बिखर जाएगी लड़कियां,

घर से बाहर निकलने से कांपेगी लड़कियां,

सहमी सहमी सी हर वक्त रहेगी बेटियां,

नहीं, हिम्मत करो उनको दो हौसला, कहो उनसे अब वो

समय गया,

क्या यही चाहते हो आप, जहां कुछ होते ही बेटियों को

हराया जाता था, अब तो डटकर सामना करने का वक्त आया है,

शैतानों से भिड़ जाने का न डरने का न घबराने का, अब तो
मुंहतोड़ जवाब देने का वक्त आया है.....
हर पिता बेटी की ढाल बन जाएं. और मां उनका हौसला,
तो किसी की इतनी हिम्मत नहीं, कि कर सके उनका बाल
भी बांका,
बस जरूरत है उनकी ताकत बनो,
उनको घर में छुपने को न कहो. परिस्थितियों का सामना
करना सिखाओ.)
माना फूल सी तुम्हारी बेटियां हैं, पर मत भूलो वही
आदिशक्ति जगदम्बा है......
उक्त पंक्तियों में छुपा भावार्थ वर्तमान समय की
आवश्यकता को दर्शाता है कि अब वो समय गया जब डरी
सहमी रहती थी लड़कियां...
माना शुरुआत स्त्री शक्ति से अवगत कराना था पर उसके
साथ अनेकों पहलुओं पर प्रकाश डाल समाज को प्रेरित करना भी
है क्योंकि समाज स्त्री पर निर्भर नहीं होता उसमे युवा पीढ़ी की
भी महत्वपूर्ण भूमिका है जिस पर प्रकाश डालना भी उतना ही
आवश्यक है जितना स्त्री शक्ति से अवगत कराना..... लेकिन
सबसे महत्वपूर्ण है क्या आप मेरे विचारों से सहमत हैं या नहीं..
इस प्रकार मेरी किताब विविधता में एकता की पराकाष्ठा है.
जहां समाज के विभिन्न पहलुओं पर प्रकाश डालने के साथ साथ
स्त्री शक्ति, भावी पीढ़ी की भूमिका, बेटे बेटी के प्रति नवीन
सोच नया बदलाव की प्रेरणा देने की सामर्थ्यता रखती है।

1. लड़की कमजोर नहीं...
शक्ति का दूजा रूप है।

लड़की कमजोर नहीं... शक्ति का दूजा रूप है।

बेशक़ पहनती हाथों में चूड़ियां वो,

सजाती मांग में सिंदूर और पहने,

प्रेम का प्रतीक मंगलसूत्र,

और हाथों में खनकाती चूड़ियां,

पैरो के पायल की छमछम,

स्त्री की बढ़ाती है शोभा,

उनका आभूषण उनका श्रंगार है,

उनके परिधान उनकी शोभा,

बेशक शर्म उनका गहना है,

पर होता जब उन पर अन्याय,

तो कहता है समाज,

उतार फैंको वो बंधन वो गहना,

जो करता तुम्हारी अस्मिता पर खिलवाड़,

दिखा दो उन शैतानों को,

हम केवल हाथों में चूड़ियां नहीं पहनते,

हमारे हाथों में भी खड्ग की तलवार है,

आंखों में जलती प्रचंड ज्वाला है,

पैरों से बरसते अंगारे है,

और दिल हमारा कमजोर नहीं,

जो न कर सके तुम पर वार,
हम तो वो फौलाद की चट्टान है,
जिसे मिटा न सके कोई इंसान है,
बाजुओं में अब भी इतना दम है,
कि गिरा सके तुम जैसे हजारों को,
और मचा दे सृष्टि में हाहाकार,
मत ललकारों हमारे भीतर धधकती ज्वाला,
मत समझो हमको तुम लाचार निर्बल,
हम वहीं भारत मां की संतान हैं,
जिसमे हई पैदा रानी लक्ष्मीबाई,
और धूल चटाई अंग्रेजों को,
जिसकी यशगाथा आज भी सुनी जाती,
दिलों में सम्मान पाती,
उन वीरांगनाओ की वीरगाथाएं है,
जो कहता समाज लड़की निर्बल है,
असक्षम लाचार और वेवश है,
आज दिखा दे हम अपनी ताकत,
कि वक्त आने पर हम भी वही फौलाद है,
जो दुश्मनों के छक्के छुड़ा दें,
जर मिट जाएगी फिर भी न झुकेगी,
क्योंकि हम भी भारत मां की संतान हैं,
बहता हमारे अंदर भी वही रक्त है,
मत समझो ऐ समाज हमें वेवश,
हम वक्त आने पर बन जाए वो शक्ति,
जो मचा दे सृष्टि में हाहाकार,
क्योंकि हम ही काली हम ही दुर्गा,
हम ही शक्ति का दूजा रूप है,

पिंकी खंडेलवाल

2. वर्तमान स्थिति को आक्षेप करते हुए मेरे दिल से बस एक आवाज निकली-

वर्तमान स्थिति को आक्षेप करते हुए मेरे दिल से
बस एक आवाज निकली-

जो परिस्थितियां आज बनी देश में,
लगता उससे हर लड़की बन जाए काली, हम ही दुर्गा,
क्योंकि हर ओर बैठी हैवानियत,
जिसका होती हर रोज शिकार लड़की है,
और कर देती अपने जीवन का अंत,
आज मानो कहता है दिल,
वो समय अब बीत गया,
जब बेटी घर की चारदीवारी में कैद थी,
अब तो वक्त आया है ऐसा,
कि तोड़ दे वो बंदिशें,
जो लड़की की उड़ान में बाधा है,
फेंक दें वो जंजीरें,
जो रोकती लड़कियों को घरों में,

अब तो आंख से आंख दिखाने का वक्त है,
दुश्मनों से भिड़ जाने का वक्त है,
दिखा देने का दुनिया को,
लड़की किसी से कम नहीं,
और उन मातापिता को बताने का भी,
कि जब घटित हो ऐसी घटना,
तो बेटियों को दे हौंसला,
उन परिस्थितियों का सामना करने का,
बुलंद होकर अपनी आवाज उठाएं,
ये घर में छुप कर न बैठें,
बल्कि शान से घर से बाहर निकले,
और उन शैतानों को सबक सिखाए,
करे समाज के लोगों का कचरा साफ,
कि अब वो वक्त गया,
जब लड़की सहम घर में बैठ जाती,
अब तो उन लोगों को बता देने का,
कि लड़की अब निर्बल लाचार वेवश नहीं,
उनमें ताकत है तुमसे लड़ने की,
मुंहतोड़ जबाव देने की,
आसमान की बुलंदियों को छूने की,
लड़कों के साथ कदम से कदम मिलाने की,
जीवन को खुल कर जीने की,
बंदिशों को तोड़ सपनों को पूरा करने की,
अब हर लड़की में वो ताकत है,
जो लड़ सकती अपने हक के लिए,
अपनी आवाज से इंसाफ पा सकती,
जीवन में कामयाबी के शिखर पर पहुंच सकती,

और मुश्किलों को डटकर सामना कर सकती है,
हर संघर्षों का सामना कर,
अपने लिए अपने परिवार की जिम्मेदारी उठा सकती,
घर की जिम्मेदारी अकेले उठा सकती,
राजनीति का हिस्सा बन सकती,
विमान और अंतरिक्ष में जाने की हिम्मत रखती,
देश की बागडोर संभाल सकती,

3. फिर कभी कभी सोचती हूं मैं -

फिर कभी कभी सोचती हूं मैं -

माना पिता के दिल का टुकड़ा होती है बेटियां,
हर वक्त उनकी चिंता में पिता की उड़ जाती निंदिया,
कहीं बाहर भेजने से डरते हैं,
क्योंकि हर गली गली में होता उनके साथ बलात्कार,
कोई गली कोई मौहल्ला ऐसा बचा नहीं,
जहां लड़कियां निडर होकर घूम सकें,

लेकिन देख ऐसा, आज कहता है मन-

कि सामना करने दो लड़कियों को उनका,
फौलाद की तरह मजबूत बनाओ,
उनको लड़ने की शिक्षा दो,
आप अगर सहम गए तो बिखर जाएगी लड़कियां
, घर से बाहर निकलने से कांपेगी लड़कियां,
सहमी सहमी सी हर वक्त रहेगी बेटियां,
क्या यही चाहते हो आप,
नहीं, हिम्मत करो उनको दो हौसला,
कहो उनसे अब वो समय गया,
जहां कुछ होते ही बेटियों को डराया जाता था,
अब तो डटकर सामना करने का वक्त आया है,
शैतानों से भिड़ जाने का न डरने का न घबराने का,
अब तो मुंहतोड़ जवाब देने का वक्त आया है,

5. लेकिन लड़कियों को स्वाभिमानी बनाने के लिए बस एक बात की आवश्यकता है कि-

लेकिन लड़कियों को स्वाभिमानी बनाने के लिए
बस एक बात की आवश्यकता है कि-

हर पिता बेटी की ढाल बन जाएं,
और मां उनका हौसला, .
तो किसी की इतनी हिम्मत नहीं,
कि कर सके उनका बाल भी बांका,
बस जरूरत है उनकी ताकत बनो,
उनको घर में छुपने को न कहो,
परिस्थितियों का सामना करना सिखाओ,
माना फूल सी तुम्हारी बेटियां हैं,
पर मत भूलो वही आदिशक्ति जगदम्बा है,
बन काली दुष्टों का कर सकती संहार है,
है उनमें इतनी शक्ति की कर सके अपनी रक्षा,
बस आपके साथ की उन्हें आवश्यकता है,
कोई साथी कोई परिवार उनकी रक्षा नहीं करें,

बल्कि खुद को इतना मजबूत बनाओ,
कि वो परिवार की ढाल बने,
क्योंकि वो निर्बल अबला नारी नहीं,
जो करती बस सोलह श्रृंगार है,
वो धारण कर सकती तलवार है,
उसमें भी बहता वो रक्त है,
जो बहा करता न वीरांगनाओं में,
जिन्होंने दुश्मनों का किया बुरा हाल है,
बस आवश्यकता है उस ज्वाला को भड़काने की,
उनमें शक्ति का संचार करने की,
हिम्मत और साहस का बढ़ावा देने की,
फिर देखो वो कैसे करती सामना शैतानों का,
और कैसे बन जाती समय आने पर दुर्गा,

6. साथ ही आगे मैं हर बेटी के मां बाप से कुछ कहना चाहती हूं और मन में मेरे एक सवाल भी है कि -

साथ ही आगे मैं हर बेटी के मां बाप से कुछ कहना चाहती
हूं और मन में मेरे एक सवाल भी है कि -
आज परिस्थितियां कुछ अलग है,
पर सोच समाज की भी बदलनी है,
और हर मातपिता को देनी बस एक शिक्षा है,
बेटी आंगन की फुलवारी है,
और बेटा दिल का राजा,
तो बेटियों को ही क्यों बदिशे रोक टोक ?
क्यों बेटियो के सपनों से करते हो समझौता ?
क्यों बेटियो को बाहर भेजने से कतराते हो?
क्यों नहीं कहते कि बेटी भी बेटा है?
क्योंकि तुम्हारी मानसिकता मैली है,
उसमें बेटी की चाहत की पट्टी बंधी है,
जिन लड़कियों को तुम रोकते हो,
लगाते हजारों बंदिशें,

वो उन लड़कों को दी गई आजादी है,
जो करते ऐसे शर्मनाक काम है,
जिस कारण बेटियों का घर से निकलने,
आजादी से घूमने पर लग जाता ताला है,
अरे बदलो अपनी सोच तुम,
तब बदलेगी समाज की सोच,
करो तुम शुरुआत,
फिर देखो नवीन समाज का रूप तुम,
जरा सोचो उन फूल सी लड़कियां,
जिन्होंने न जानी अभी दुनिया,
हो रहा उनके साथ भी ये खेल,
देख ये सब कांप जाता सीना,
कैसी क्रूर मानसिकता का शिकार है हम,
होते देख अपराधों को क्यों हम चुप है,
क्यों हम देख दरवाजा कर लेते बंद,
या बांध आंखों में पट्टी बैठ जाते शांत है,
क्या तुम कमजोर हो या घबराए हुए,
जो देख अन्याय हो जाते मौन,
जब तक कोई एक जन आवाज नहीं उठाएगा,
तब तक ये सिलसिला यूं ही चलता रहेगा,
क्योंकि रोकने वाला कोई नहीं,
और बढ़ावा देने वाले हजारों है,
जो घर में बैठे आंखों में पट्टी बांध के,
सचमुच शर्मनाक हुई मानवता,
जब लड़की अपने घर में सुरक्षित नहीं,
बाहर जाने से वो कतराती हैं.,
कुछ कहने में हिचकिचाती है,

जिसका एक कारण हमारी परवरिश है,
क्योंकि जन्म से यही मानसिकता भरी दिल में,
कि बेटी कमजोर है लाचार है,

7. अगर सिखाते बेटियों को स्वावलंबी होना

अगर सिखाते बेटियों को स्वावलंबी होना आत्मनिर्भर बन
अपने सपनो को पूरा करना तो आज समाज का रूप कुछ
और होता बेटियो की स्थिति कुछ बेहतर होती.....
आसमान होता उनका और उड़ान होती कुछ लंबी,
हर संघर्षा का कर लेती वो अकेले सामना,
क्योंकि वो आत्मविश्वास उनमें भरा होता,
जब कभी देखती गलत होता
तो आवाज उठा सकती वो उसके खिलाफ,
और पा लेती सफलता,
हर कसौटी पर खरी उतरती,
जीवन की लड़ाइयों से लड जाती,
और कामयाब बन दिखाती,
क्योंकि उनमें वो साहस शौर्य,
और दुश्मनों से लड़ने का बल,
जन्म से उनको मिलता,
तो नहीं होता कहीं अपराध,
क्योंकि लड़की कभी डरती नहीं,
भिंड जाती शैतानों से,
और मुंहतोड़ जवाब देती,
शायद कुछ ऐसा ही समाज होता,

जब लड़कियों को बढ़ावा मिलता,
उनको वो आजादी वो स्वतंत्रता,
वो परवरिश मिलती,
तो काश ऐसा होता समाज हमारा ,

8. लेकिन अक्सर देखा जाता है कि ज्यादा दी गई स्वतंत्रता कभी कभी भारी पड़ जाती है

लेकिन अक्सर देखा जाता है कि ज्यादा दी गई स्वतंत्रता कभी कभी भारी पड़ जाती है तो कहती हूं हर मात पिता से आज मैं......

आजादी दो उड़ने दो आसमान में,

पर सही और गलत का फर्क भी समझाओं,

जीवन के हर पड़ाव पर उनका मनोबल बढाओ,

कभी भटक जाए राह पर तो रास्ता दिखाओ,

9. बढ़ती उम्र के साथ उनके विचार माता पिता के विचारों से मेल नहीं खाते

लेकिन अक्सर देखती हूं किशोर और किशोरी की बढ़ती उम्र के साथ उनके विचार माता पिता के विचारों से मेल नहीं खाते इस कारण भी कुछ लड़के लड़कियां गलत आदतों के शिकार हो जाते हैं तो इससे बचाने के लिए एक तरीका है जो इस प्रकार है,

बढ़ती उम्र बच्चों की तो बदलो उनके साथ तुम,

नये नये बदलाव ही तो प्रकृति का है नियम,

बच्चों को उनकी भाषा में समझाओं,

या खुद कभी कभी बच्चा बन जाओ,

सुनो उनकी बातें और करो समझने का प्रयास,

क्योंकि बढ़ती उम्र के साथ बदलते उनके विचार,

रोक टोक देती बढ़ावा गलत आदतों को,

क्यों न इससे छुटकारा पा नया तरीका अपनाओं,

कुछ अपने किस्से सुनाओ,

और बच्चों को आत्मनिर्भर बनाओ,

10. वहीं दूसरी और ये बात भी सत्य है-

बेशक यहां मेरी कविताएं लड़कियों को आजादी देने की
अपने सपनों को पूरा करने की बात कहती हैं वहीं दूसरी
और ये बात भी सत्य है-
माना बंदिशें थी तुम्हारी आजादी पर,

माना जंजीरों में लिपटे थे तुम्हारे सपने,

पर उस वक्त का माहौल ऐसा ही था,

जब देश में अंग्रेजों का हुआ करता राज था,

चालू हुई वहीं से पर्दा प्रथा,

और धीरे धीरे बन गई वो हमारी पहचान,

वहीं स्त्री समाज में पाती थी शोभा,

जो रखती थी सिर पर घूंघट,
और रहती थी घर की चारदीवारी में,
वहीं होती थी उसकी दुनिया,
बच्चों को उसकी जिम्मेदारी बता दिया,
परिवार को चलाना रिश्ते संभालना,
सब उसके थे दायित्व,

11. क्योंकि लोगों की सोच वही तक हो गई सीमित,

पर जैसे जैसे आधुनिक हुई दुनिया कुछ बदले लोगों के
ख्यालात पर, कुछ रह गये उन दकियानूसी सोच के
शिकार,
जिसकी भरपाई कर रही हर घर की मासूम बच्ची,
जिसका एक रूप था बाल विवाह, दहेज प्रथा, सती प्रथा..
क्योंकि लोगों की सोच वही तक हो गई सीमित,
बदल रहा वक्त, तुम सब बदलो, अपनी सोच,
वो जमाना बीते बरसो हो गया,
अब तो लड़कियों के महत्व को समझो,
वहीं बेटा वही बेटी,
क्यों करते उनमें तुम इतना भेद,
आज किसी क्षेत्र में वो कम नहीं,
वो सशक्त है सबल है,
हैं वो भी देश का गौरव,
पर जब तक नहीं बदलोगे ख्यालात,
तब तक कैसे उड़ान भरेगी बेटियां?
जब तक नहीं पढाओगे उनको,
तब तक कैसे कामयाब होगी बेटियां ?
जरा सोचो विचार करो,
आखिर क्या ऐसा है लड़कों में,

जो बेटियों में नहीं है,
क्या वो सक्षम नहीं हर क्षेत्र में,
क्या वो काबिल नहीं,
बस नजरिए की है बात,

12. आज मेरा मन बड़ा विचलित था

आज मेरा मन बड़ा विचलित था और सोचने पर
भी मजबूर आखिर एक पिता कब तक है बेटी के
साथ ?

सुनो बेटी, बाहर मत निकलो,
इधर मत जाओ,
मैं ले जाऊंगा तुम्हें साथ,
कुछ चाहिए मुझसे कहो,
किसी अनजान से बात मत करो,
देखो बेटी तुम हमारा मान हो सम्मान हो,
आज पूछती हूं उनसे ही एक सवाल,
जो कट है पर सच हैं,
फिर क्यों करते हो शादी उसकी,
क्यों जाने देते दूसरे घर तुम,
क्या अब वो अकेली नहीं रहेगी,
या फिर कहीं बाहर नहीं जाएगी,
बल्कि अब वो घबराएगी,
बात करने से हिचकिचाएगी,
अकेले जाने से डरी सहमी रहेगी,

क्योंकि हर वक्त कोई न कोई रहता था,
आज भला वो कैसे रह पाएगी,
जरा सोचा कभी आपने पापा,

13. माना परिस्थितियों ने उसे ऐसा जकड़ा,

माना परिस्थितियों ने उसे ऐसा जकड़ा,

पिया का साथ भी छूट गया,
तो कैसे अकेले वो सबकुछ संभाल पाएगी,
कैसे अकेले लोगों का सामना करेगी,
कैसे बच्चों का भविष्य बना पाएगी,
जब उसका कोई भविष्य नहीं,
तो कैसे संवारेगी बच्चों का वो भविष्य,
नहीं सोचा कभी बस रोक टोक,
हजारों बंदिशें सवालों के बीच,
डरी सहमी एक लड़की की परवरिश,
को कहते आप फर्ज अदा हुआ,
आपकी सोच पर आंखों में बस पानी है,
और कहने को कुछ भी नहीं,

14. दिल से बस एक जबाव आया कि पूछूं आखिर आपसे एक सवाल -

दिल से बस एक जबाव आया कि पूछूं आखिर
आपसे एक सवाल -

आखिर आपको बेटी बोझ लगती,
या फिर लड़कों से कमजोर,
क्या भूल गए तुम भी उस जननी के लाल हो,
जिसने सहे होंगे तुम्हारे जन्म पर अनेक दर्द,
जब उस वक्त उसकी आंखों में ख़ुशी थी,
तो आज तुम्हारे आंखों में आसूं क्यों है,
बेटी ईश्वर का वरदान होती सब कहते हैं,
पर मैं कहती हूं बेटी से संचालित सृष्टि है,
कल्पना करो बेटी नहीं संसार मैं एक भी,
फिर मां के सपूत क्या होंगे?
पूछो अपने दिल से फिर दो जबाव,
बेटी बेटा एक नाव में होते सवार,
बिन दोनों के कैसे संचालित सृष्टि,
और बिन उसके साथ के कौनसी पूजा पूरी,
धर्मपत्नी चाहिए पर बेटी नहीं,

ये कैसे हो भला संभव जरा बतलाओ तो सही?
क्यों लड़की ही घर की बागडोर संभाले ?
क्यों लड़का ही बाहर काम पर जाएं?
लड़की भी सक्षम है सशक्त है,
बस आवश्यकता है उन्हें एक मौका देने की,

15. जरूर मेरी बातें किसी के दिल को कचोट रही होंगी पर

जरूर मेरी बातें किसी के दिल को कचोट रही होंगी पर
मेरा इरादा किसी की भावनाओं को ठेस पहुंचाना नहीं
बल्कि वास्तविकता को उजागर करना रहा है कि कोई भी
किसी क्षेत्र में कम नहीं चाहे वो लड़की हो या लड़का,
बस आवश्यकता है उन्हें इस काबिल बनाना कि वो हर
परिस्थिति का सामना करने में सक्षम हो..... उनकी
परवरिश में समानता का भाव रखना, न कि उनके बचपन
में ही भेदभाव की पट्टी बांध देना क्योंकि कहते हैं बचपन
में जो सीख अपने माता पिता द्वारा दी जाती है उसे बच्चे
जल्दी सीख लेते हैं और
उसका अनुसरण करने लगते हैं, कल्पना करो,
अगर लड़की को शुरू से कहा जाए कि वो कमजोर है
निरबल है तो वो खुद को कमजोर समझ मुश्किलों से
भागना पसंद करेंगी,
वहीं अगर लड़की को स्वावलंबी आत्मविश्वासी और साहसी
बनाया जाए तो वो डटकर मुश्किलों का सामना करना
पसंद करेंगी. क्योंकि वो तो उस माटी जैसी है जिसको
जिस रंग में ढाल दिया वो उसी रंग में ढल जाएगी,

वहीं बेटे को कहा जाए कि उससे ही वंश बढ़ता है वहीं
परिवार को चलाता है और उसे ही घर से बाहर जाना
शोभा
देता है तो वह बड़ा होकर वहीं सीखेगा जो उसे बचपन में
सिखाया गया होगा,
वह जब पिता बनेगा तो बेटे की कामना करेगा,
इसलिए हर माता पिता से हाथ जोड़ विनती है बेटे और
बेटी के फर्क को भुलाकर अपनी संतान को अच्छी सोच
अच्छे संस्कार का वातावरण दीजिए ताकि वो भावी पीढ़ी
को संस्कारवान बना सके....

16. जो सीखा बचपन में वही उनका होगा भविष्य,

जो सीखा बचपन में वही उनका होगा भविष्य,
सीखा अगर भेदभाव की नीति,
तो कैसे संवारेंगे वो देश का भविष्य?
सिखाना है उनको समानता भाईचारे का पाठ,
जिससे देश की नींव हो सुदृढ़ ,
क्योंकि वही तो आने वाला स्वर्णिम भविष्य है,
जिस पर टिका देश का गौरव,
मेहनत परिश्रम लग्न क्या होता है,
इसका मतलब भी समझाओं,
क्योंकि यदि नहीं करेंगे मेहनत,
और नहीं समझेंगे घोर परिश्रम के फल,
तो कैसे संवारेंगे खुद के सपनों को,
अगर तकनीकी शिक्षा देनी है जरूरी,
तो गुरुकुल का महत्व भी बताओ,
यदि बनानी है उनकी पहचान,
तो परिश्रम करना सिखाओ,
बन करें कुछ नहीं होगा हासिल,
यह भी उनको बताओ,
भाग्य भरोसे नहीं हुआ कोई सफल,
यह बात उनको बतलाओ,

17. जीवन के हर पड़ाव पर लगा हुआ मुसीबतों का ढेरा है

जीवन के हर पड़ाव पर लगा हुआ मुसीबतों का
ढेरा है भला मुश्किलें यह देखती है कि कौन
लड़का और कौन लड़की? बताओ, नहीं... ना,

इसलिए लड़कियो को साहसी स्वावलंबी बनाओ,
मुसीबतों का सामना करने की,
परिस्थितियों का डटकर सामना करने की,
हिम्मत दो,
क्योंकि मुसीबतें समय बता कर नहीं आती,
और जब आती है तब साथ कोई नहीं होता,
इसलिए बस आवश्यकता है,
बेटियों की ढाल नहीं बल्कि उनको मजबूत बनाओ,
ताकि वो खुद अपनी रक्षा करने में सक्षम हो,
क्यों सोचते हो लड़कियां कमजोर है?
क्यों उन्हें स्वावलंबी होना नहीं सिखाते?
क्यों उन्हें शर्तों में बांध देते हो?
क्यों उनके सपनों को साकार नहीं होने देते?
मत भूलो वो आदिशक्ति मां जगदम्बा का रूप है,

वक्त आने पर वही काली वही दुर्गा है,
माना फूल सी कोमल डाली की कलियां होती है,
पर मत भूलो उन कलियो में कांटों की पकड़ होती है,
जहां फूल होते है वहीं कांटे भी,
अरे जमाना बदले सालों हो गया,
अब तो बदलो तुम अपनी सोच,
मत सोचो लड़कियां परायाधन है,
यह सोचो वो तो निश्छल पानी का झरना है,
जिसमें बहती करुण ममता की धारा है,
वो वक्त की मारी नहीं,
बल्कि वक्त आने पर बन जाती काली है,
हो अगर परिवार पर खतरा,
तो रख लेती रूप चंद्रघंटा का,
हो अगर बच्चों पर खतरा,
तो कर लेती धारण रूप दुर्गा का,
समाया उसमे अपार क्रोध,
और बसा अथाह प्यार का सागर है,
वहीं स्त्री आदिशक्ति मां जगदम्बा का रूप है,
जिसे समझता समाज निर्बल,
असल में उससे ही संचालित सृष्टि का कण कण है,

18. स्त्री का अस्तित्व माना पुरुष के बिना अधूरा है

स्त्री का अस्तित्व माना पुरुष के बिना अधूरा है उसी प्रकार जिस प्रकार शिव शक्ति के बिना नारायण लक्ष्मी के बिना अधूरे हैं,

लेकिन स्त्री का अलग भी अपना अस्तित्व है अपनी पहचान है जिसे समाज ठुकराता है और जिस स्त्री के पुरुष की किसी कारणवश मृत्यु हो जाए उस स्त्री का समाज में सम्मान कम हो जाता है प्राचीन समय में उस पत्नी का भी पति का चिता में अंत कर दिया जाता था या फिर समाज द्वारा निंदा की जाती थी,

लेकिन मैं पूछती हूं

समाज से क्या स्त्री का अस्तित्व पति के साथ जुड़ा है क्या वो मां नहीं किसी की बहन बेटी नहीं, क्यों उसके साथ ऐसा अन्याय ?

शायद इसलिए क्योंकि स्वयं उसे शुरू से यही सिखाया जाता है कि स्त्री पति के बिना अधूरी है जिस कारण वह खुद को असहाय समझने लगती है लेकिन मेरी हाथ जोड़ हर समाज मात पिता से विनती है कि ये गलत परम्परा का त्याग कर हर स्त्री का वैसे ही सम्मान करो जैसे हर संतान मां का करती हैं क्योंकि वो भी इंसान हैं उनका भी

दिल है अस्तित्व है समाज में स्थान है,
और उन स्त्रियों से भी मेरी हाथ जोड़कर प्रार्थना है और
उनसे बस इतना कहना चाहती हूं कि -
खुद को साबित करो कि तुम किसी से कम नहीं हो,
माना नहीं साथ तुम्हारे पिया पर तुम भी मां हो,
अब तुम पर भी जिम्मेदारी है परिवार की,
क्योंकि तुम अब उस परिवार की बेटी हो,
वहीं तुम्हारे मात पिता वही तुम्हारा संसार,
क्यों समझती खुद को अकेल तुम,
तुम तो आदिशक्ति जगदम्बा का रूप हो,
समय बुरा आता है पर हिम्मत रखो,
उठ खड़ी हो, परिस्थितियों से लड़ो,
बच्चों का भविष्य अब तुमसे जुड़ा है,
तुम्हारा अस्तित्व है तुम्हारी भी पहचान है,
कि तुम समाज की एक जागरूक नारी हो,
जिसको समाज ने अनेक अधिकार दिए हैं,
तुम्हारे साथ देश का कानून हैं,
न्याय के द्वार हर पल तुम्हारे लिए खुले हैं,
देखो जरा आज की नारी को,
बडी बडी उपलब्धि पा रही है,
कोई राष्ट्रपति बन रही कोई अंतरिक्ष यात्री,
कोई शिक्षा मंत्री फिर तुम निर्बल कैसे हो?
अरे तुम में भी वो बल शक्ति है,
जिससे बना सकती अपनी पहचान तुम,
कोई शुरू से प्रख्यात नहीं होता,
परिश्रम कर संघर्ष से जूझना होता,
तब जाकर अपनी पहचान बना पाता,

फिर तुम क्यों संघर्ष नहीं करती,

क्यों अकेले परिवार नहीं चला सकती ?

जब देश चलाने वही पहली नारी प्रतिभा पाटेल थी,

पहली मुख्यमंत्री सुचिता कृपलानी थी,

पहली महिला प्रधानमंत्री श्रीमति इंदिरा गांधी हुई,

और वर्तमान निर्वाचित राष्ट्रपति श्रीमती द्रौपदी मुर्मू हुई,

खुद को इस काबिल बनाने की,

तो तुम क्यों कुछ नहीं बन सकती,

क्यों अकेले परिवार नहीं संभाल सकती ?

बस आवश्यकता है खुद की, शक्ति को पहचानने की,

खुद को इस काबिल बनाने की ,

सुनो देश की हर नारी

तुम चाहो तो दुनिया की तख्ता पलट कर सकती हो,

तुम चाहो तो प्रधानमंत्री राष्ट्रपति बन सकती हो,

तुम चाहो तो हर क्षेत्र में लड़कों की बराबरी कर सकती हो,

बस आवश्यकता है खुद पर विश्वास रखने की,

खुद की ढाल बनो खुद को साबित करो,

तुम्हें किसी के सहारे की आवश्यकता नहीं,

तुम आज की नारी हो,

सशक्त, सक्षम, काबिल, निडर, निर्भीक,

साहसी, स्वावलंबी और दृढ़ निश्चयी,

नहीं कहती लड़के बेकार है बुरे हैं,

पर हां... कुछ ऐसे भी हैं,

अगर नहीं ऐसा तो क्यों लड़की सुरक्षित नहीं,

अगर नहीं ऐसा तो क्यों होते बलात्कार,

जिन्होंने जानी नहीं अभी तक दुनिया,

वो क्यों हो रही इसका शिकार ?

19. है जबाव किसी के पास इसका.......

है जबाव किसी के पास इसका......

लड़की जो सड़कों पर घुम नहीं सकती,

एक पिता जो हर वक्त डरा सहमा रहता,

सुन खबर घबरा जाता उसका दिल,

और बंद कर देता बेटी का घर से निकलना,

क्योंकि उनको फिक्र है तुम्हारी,

वो बुरे नहीं बल्कि तुम्हारी परवाह है उन्हें,

ये रोक टोक इसलिए क्योंकि डरते हैं वो,

पर एक बात सच कहती हूं हर मात पिता से बेटी तुम्हारा

गौरव है मान है सम्मान है,

तो बेटियों को स्वावलंबी आत्मविश्वासी बनाओ,

यूं घर में कैद रखना रोक टोक,

बेटियों की हिम्मत को दबा देती है,

वो घुट घुट कर रहने लगती है,

वही सी चिड़िया मुरझा जाएगी,

मत करो ऐसा,

वो कलियां बिखर जाएगी,

नहीं जी पाएगी अपनी जिंदगी,

वो तो ऐसे घुट घुट मर जाएगी,
जीवन भर सींचा अपने खून से,
पाला पोसा बड़ा किया,
लिखाया पढ़ाया दी शिक्षा उनको,
फिर क्यों उनको साहसी नहीं बनाया,
क्यों दुनिया की सच्चाई से दूर रखा,
क्यों उनको निडर बहादुर नही बनाया,
क्यों मुश्किलों का सामना करना नहीं सिखाया ?
अरे उनको इतना मजबूत बनाओ,
कि हर कोई कांपे उनसे,
फूल सी कोमल बच्चियों को,
कांटों पर वार करना सिखाओ,
नाजुक सी फुलवारी को,
व्रज सी कठोर बनाओ,
उन्हें उड़ने दो फैलाने दो अपने पंखों को,
उन्हें सपनों का आसमान नहीं,
हकीकत का आइना दिखाओ,
सच्चाई बुराईयों से रूबरू कराओ,
बेटी को बेटा समझो,
वो भी बन सकती पिता का सहारा,
उनको एक मौका तो दो,
मानात पुरानी सदा चली,
नारी के हिस्से घर गृहस्थी आई,
पर बदल रहा समाज और बदल रही रीत,
क्यों न बदल दे नारी की कहानी,
संभालना उनका काम है,
पर क्यों न देश संभाले,

जिम्मेदारी उनका गहना है,
क्यों न वो देश की जिम्मेदारी बांटे,
आज बदल दे लोग अपनी सोच,
और महिलाओं को दे हौंसला,
संभाल सके वो देश की बागडोर,
क्यों न उनको प्रोत्साहित करें,
बताए वो भी काबिल है,
और कर सकती वो सब जो करता पुरुष हैं,

20. हो सकता है मेरी बातें किसी को बचकानी लग रही हो

हो सकता है मेरी बातें किसी को बचकानी लग
रही हो या किसी को स्वप्न का महल पर सच
कहूं हां यह स्वप्न ही है

जो मैंने बंद आंखों से पूरा होते देखा है अपने
दिल में......

जिसके कदमों की आहट अभी कमजोर है पर मेरा विश्वास
अटल है कि लड़कियों को मिलेगी एक दिन वो आजादी वो
सपनों का आसमान वो पंख जिनसे वो कर सके अपने
सपने साकार कर सके दुश्मनों का खात्मा, घूम सकें
बेफिक्र और संभाल सके देश की बागडोर........
बेशक मेरा ये थोड़ा सा प्रयास दुनिया में नयी क्रांति अवश्य
लाएगा जब पढ़ेगा कोई मेरे विचार उसके मन में एक बार
ये ख्याल तो आएगा कि क्यों न एक बार मौका बेटियो को
दिया जाए.... है ना एक बार ये अवश्य होगा,

जब महिलाएं बड़े बड़े पदों पर विराजमान होकर देश का
भार उठाएंगी......
मेरी कलम में इतनी ताकत शेष है कि वो अपने शब्दों
रूपी बाण से सैकड़ों लोगों को सोचने पर बाध्य कर देगी
कि
क्यों न एक अवसर महिलाओं को दिया जाए .... भले बात
कड़वी और दिखावटी ख्यालात की लगे पर वास्तविकता
यही है कि देवियो की ताकत का अंदाजा वो शिव नहीं
लगा सकता फिर ये तो उनका रूप लिए धरा पर उतरी
बाल रूपी देविया है भला इनकी शक्तियों का अंदाजा कोई
मनुष्य कैसे लगा सकता है....
परिवार इनकी दाल है,
आए उस पर कोई संकट,
तो उठा ले ये खड़ग तलवार,
और बन काली का अवतार,
मार गिराए हर दुश्मन को,
है इनमें ऐसी शक्ति अपार,
धधकती ज्वाला इनके अंदर,
जिसको समाए रहती है,
वक्त आने पर वही ज्वाला,
ले लेती एक अवतार है,
मत छेड़ इनके भीतर की शक्ति को,
मचा देगी संसार में हाहाकार,
फिर बचा न सकेगा कोई हमें,
चाहे हो वो स्वयं महाकाल,
यह कोमल सी नारी है शक्ति का भंडार,
बहती इनमें ममता की करुणा धारा,

तो बहती एक ओर अग्नि की प्रचंड ज्वाला,
है त्याग समर्पण का दूजा नाम नारी,
पर जब बात हो अपने आत्मसम्मान की,
तो है ये नारी सब पर भारी,
माना रीत सदा चली आई,
स्त्री बिना पुरुष न होती सम्मानित,
है अस्तित्व उसका मांग सिंदूर,
और है उसका गौरव वो मंगलसूत्र,
पर जब वही नारी होती प्रताड़ित,
तब क्यों चुप हो जाता यह समाज,
क्यों नहीं कहता तोड दो वो बंदिशें,
जो खिलवाड़ करें नारी के स्वाभिमान पर,
क्योंकि सदा रीत यही चली आई,
पुरुष के आगे स्त्री की बलि चढ़ी आई,
पुरुष महान है वह चाहे कुछ कर ले,
परस्त्री घर का मान

21. उस खातिर मौन होकर सब सह ले,

उस खातिर मौन होकर सब सह ले,

क्या यही है हमारा आदर्श समाज,

जिसका सब करते बखान,

अरे धिक्कार है ऐसे समाज को,

और शर्मसार है वो हर इंसान,

जो करता नारी के सम्मान को आहत,

और खुद को कहता महान इंसान हैं,

स्त्री कल का बढ़ाती मान है,

उसके बिना पुरुष शरीर का आधा अंग है,

क्योंकि कहलाते शिव भी अर्धनारीश्वर,

क्योंकि पार्वती ही तो उनका आधा भाग है,

फिर क्यों मानव रहता घमंड में,

कि वह स्त्री से महान श्रेष्ठ है,

मत भूल उस बिन तेरा जन्म भी असंभव है,

और कहा तू स्त्री से महान है,

स्त्री सृजन करती है और देती नवजीवन,

स्त्री कहलाती परित्याग की पराकाष्ठा है,

स्त्री से संचालित सृष्टि का कण कण है,

और स्त्री से ही तो मानव जीवन है,

22. लेकिन कहीं कहीं इसके अपवाद देखने को मिलते हैं जैसे-

लेकिन कहीं कहीं इसके अपवाद देखने को मिलते हैं जैसे-

मिल गये नारी को कानूनी अधिकार,
तो कर रही उनका गलत इस्तेमाल,
कभी पैसे पाने की करती कोशिश,
और इस खातिर करती मासूमो का शिकार,
तुम तो आदिशक्ति मां का रूप हो,
फिर कैसे कर रही गलत काम,
अपहरण झूठा आरोप नहीं सुशोभित,
फिर क्यों करती नारी जाति को कलंकित,
तुम तो ममता का आंचल हो,
त्याग की मूरत हो,
करुणा का अथाह सागर हो,
प्यार अपनेपन का दूजा नाम हो,
आदिशक्ति जगदम्बा का दूजा रूप हो,
फिर क्यों करती नारी शक्ति का अपमान,
मिले अधिकार करो उनका उपयोग,

कोई उदाहरण बनो समाज में,
जिससे मान बढ़े नारी समाज का,
और प्रोत्साहित होकर नारी इससे,
अपनी पहचान बनाएं,
क्यों न कोई नया इतिहास रचो,
जहां राष्ट्र को तुम पर अभिमान हो,
और हर नारी तुमसे प्रेरित होकर,
करे देश का नाम रोशन,
और हर क्षेत्र में लड़कों से आगे बढ़,
लड़कियां इतिहास रचे,
हो मात पिता को फक्र तुम पर,
और वो सोचे हमारे घर में भी एक बेटी हो,
जिस पर पूरे देश को गर्व हो,
और हम कह सके कि यह तो हमारा बेटा है,
जिसने महकाया हमारा घर आंगन,
और बढ़ाई समाज में प्रतिष्ठा,
यह तो आने वाला भविष्य है,
जहां न होगा कोई भेद न अन्याय,
सब नारी पुरुष होंगे एक समान,
सबको मिलेंगे समान अधिकार,
सबकी अपनी पहचान होगी,
सबके अपने सपने,
जिनको पूरा करने की आजादी होगी,
न कोई भेदभाव होगा और न अन्याय,
सबको खला आसमां मिलेगा,
जहां रचेंगे वो नवभारत का इतिहास,
शांति समृद्धि और सफलता का इतिहास,

समानता, भाईचारे का इतिहास,
उन्नति प्रगति और विकास का इतिहास,
जहां शिक्षित व्यक्ति के पास होगा रोजगार,
और देश होगा सुदृढ़ और विकसित,
साथ ही मिलेगी देश को नयी पहचान,
"समान अधिकार समान विकास,
स्त्री हो या पुरुष सब एक समान"

23. स्त्री हो या पुरुष सब एक समान,

मुझे कहीं न कहीं थोड़ा डर था कि यह सिर्फ मेरा सपना बनकर नहीं रह जाए बल्कि हकीकत में साकार हो जिसके लिए मैंने हजारों प्रयास किए,

साथ ही मुझे मेरी कलम की ताकत पर विश्वास है कि जो भी मेरी इस किताब को पढ़ेगा उसके मन में भी यह विश्वास हो कि काश ये हकीकत बन जाए. क्योंकि मेरी बातों में वो गहराई वो जज्बातों की समझ है जो लोगों को जागरूक करेंगी, स्त्रियों के महत्व को उनके जज्बे को पहचानेंगे में यह किताब उन्हें कामयाब बनाएगी.... और एक दिन यह सपना पूरा होगा जहां देश की महिलाए नया इतिहास रचेगी और देश में बस एक ही लहर गूंजेगी "समान अधिकार समान विकास, स्त्री हो या पुरुष सब एक समान,

कहते हैं लेखक की कलम,

उसकी वो ताकत है,

जो समाज का आइना बदल दे,

हौसले की उड़ान भर दे,

बुराइयों का नाश कर दे,

24. सुनो बच्चों तुम आने वाला कल हो,

बेशक यह किताब स्त्रियों की शक्ति उनके बल साहस का परिचय कराती है वहीं दूसरी तरफ मातापिता को बच्चों की परवरिश में क्या सुधार करने चाहिए इसका भी महत्व बताती है क्योंकि मेरी कलम का उद्देश्य समाज को प्रेरित करना और देश को प्रगति की राह पर ले जाना है तथा भावी पीढ़ी के बच्चे देश की नींव को सुदृढ़ करें और देश की उन्नति में अपना सहयोग दें इस खातिर उन्हें तैयार करना है,

सुनो बच्चों तुम आने वाला कल हो,
और सुदृढ़ और विकसित देश की नींव हो,
सही राह पर चलोगे तो देश प्रगति करेगा,
और ग़लत मार्ग अपनाओगे तो देश कैसे आगे बढ़ेगा?
इसलिए शिक्षा महत्वपूर्ण है,
न केवल देश की प्रगति के लिए,
वरन खुद को सशक्त रखने के लिए,
पढ़ोगे तो नये आयाम स्थापित करोगे,
नहीं तो जीवनभर ठोकर खाते रहोगे,
हुआ आज जमाना कम्पटीशन का,
नहीं दिया समय पर तुमने ध्यान,
तो कैसे संवारेगो अपना भविष्य ?

शिक्षा से सोचने समझने की शक्ति प्रबल,
और वही हो सकता जीवन में सफल,
इसलिए शिक्षा महत्वपूर्ण है,
हमारे भविष्य के लिए,
देश की उन्नति प्रगति के लिए,
नहीं मिले हर बार सफलता तो मत डर,
फिर कर हिम्मत यूं निराश मत हो,
जीवन मंत्र है उतार और चढ़ाव,
कर पूरी मेहनत से इसको पार,
सफल होना कामयाबी की निशानी नहीं,
कितना सीखा उससे वो सफलता है,
भागता रहता तू दिन भर,
पर न सीखा तू एक भी बार,
सफलता हर पल चुमेगी तेरे कदम,
पर खुद पर तू विश्वास तो रख,
क्यों डगमगाता है,
हिम्मत से काम लें और मेहनत कर,
फिर कोई ऐसी दीवार नहीं है,
जिसे तू पार न कर सके,
बस एक बार थोड़ी कोशिश तो कर,

25. किताब का शीर्षक कुछ और था और अंत किसी और दिशा में

आपके मन में सवाल है कि किताब का शीर्षक कुछ और था और अंत किसी और दिशा में..... लेकिन जैसे कि मैंने कहा मेरे लेखन का उद्देश्य मात्र एक स्थान पर स्थिर नहीं है वह तो बहता पानी है, माना शुरुआत स्त्री शक्ति से अवगत कराना था पर उसके साथ अनेकों पहलूओ पर प्रकाश डाल समाज को प्रेरित करना भी है क्योंकि समाज स्त्री पर निर्भर नहीं होता उसमें युवा पीढ़ी की भी महत्वपूर्ण भूमिका है जिस पर प्रकाश डालना भी उतना ही आवश्यक है जितना स्त्री शक्ति से अवगत कराना......

लेकिन सबसे महत्वपूर्ण है क्या आप मेरे विचारों से सहमत हैं या नहीं....

क्योंकि लिखना बड़ा आसान होता है पर वो विचार पाठक को प्रेरित करें, पाठक उनसे प्रेरणा लेकर भावी जीवन को सफल बनाने में कामयाब हो और सही दिशा में अग्रसर हो...

क्योंकि लेखक सिर्फ लिखने के लिए या मन की बात को बढ़ा चढ़ा कर नहीं लिखता वरन् उसके हृदय में अनेकों कशमकश रहती है वह जो देखता है उसके बारे में गहन अध्ययन कर अपने शब्दों को एक माला में पिरोता है और

लिख कर अपनी भावनाओं को समाज के सामने उजागर
करता है..
जो अत्यंत ही कठिन कार्य है क्योंकि वह समाज की
बुराइयों पर अन्याय अत्याचार, शिक्षा, समाज सभी पर
अपनेतीखे बाणों का प्रहार कर जो सही सटीक और सार्थक
है वह विचार लिख पाठकों को जागरूक करने का काम
करता है ।
उलझा हुआ वो शब्दों के घेरे में,
कर रहा गहन सोच विचार,
फिर करी उसने लिखने की शुरुआत,
वो मात्र शब्द नहीं उससे जुड़े थे भावार्थ,
जो छुपे थे शब्दों के घेरे में,
जिनको समझना इतना आसान नहीं,
क्योंकि उसमें छुपे थे गहरे राज,
तीखे व्यंग कसे हुए थे,
तो कहीं अर्थव्यवस्था पर सवाल थे,
और कहीं त्योहारों पर थी चर्चा,
तो कहीं समाज पर केन्द्रित थे भाव,
दिन रात कश्मकश में रहता लेखक,
तब जाकर कहीं कुछ लिख पाता,
शब्दों में मिलावट नहीं,
सच्चाई थी,
तभी तो लेखन से प्रभावित हुआ समाज,
और मिल रही इसको नयी पहचान,
विचारों में पवित्रता थी,
कहीं तो भावनाओं का समावेश था,
हर रस अलंकार से परिपूर्ण,

तो कहीं सच्चाई का था आइना,
लेखक के विचारों की कला है,
जिसमें उभरा साहित्य का दर्पण है,

तो कहीं सच्चाई का था आइना,
लेखक के विचारों की कला है,
जिसमें उभरा साहित्य का दर्पण है,

26. स्त्री शक्ति पर आधारित मेरी किताब

जहां तक स्त्री शक्ति पर आधारित मेरी किताब स्त्रियों के विभिन्न रूपों से परिचित कराती हुई कुछ अपवादों का भी उल्लेख कर वर्तमान समाज पर केन्द्रित है.....

क्योंकि जहां महिलाओं को अधिकार मिले हैं वहीं महिलाएं अनैतिक कार्यों में भी संलग्न रहती है जिसका वर्णन करना भी मेरा उद्देश्य रहा है, मेरी कलम मेरा अभिमान है और उससे मिली पहचान है, वहीं मेरा सम्मान है, और मैंने यह शीर्षक वर्तमान समय को केन्द्रित करते हए और मातापिता को समझाने साथ ही बेटियों को बेटो के समान मानने का उजागर कर बेटियों को समाज में समान दर्जा दिलाना रहा है क्योंकि अक्सर देखा है मैंने कितनी ही लड़कियां अपनी प्रतिभा को उभारना चाहती है पर परिवार द्वारा हतोत्साहित होने पर अपने सपने पूरा नहीं कर पाती, लेकिन मैंने यहां उनको वो आजादी देने की बात कही है जिनपर उनका जन्मसिद्ध अधिकार है क्योंकि समाज में कोई

किसी से कम नहीं सभी समान है,

ये बेटियां तो आसमान को छूने की,

रखती है ताकत,

फिर क्यों बंदिशें है इनकी राहों में,

सचमुच कभी कभी हैरानी होती है तो कभी कभी सोचती हूं दोष मातापिता का नहीं बल्कि शुरू से चली आ रही रीतियों का है,

लेकिन मैं समाज को बदल सकं लोगों में जागरूकता लाऊं इस खातिर आज मेरी कलम उठी है जो समाज को बदलने के बात ही रूकेगी क्योंकि बदलाव खुद से शुरू होकर समाज में जगह बनाता है आज अपनी कलम से किसी एक के विचारों को बदल पाई तो मेरे लिखने का उद्देश्य सफल हो जाएगा क्योंकि लिखना ही मात्र मेरा उद्देश्य नहीं था बल्कि समाज में नयी सोच को बढ़ावा मिले और समाज प्रगति की राह पर चलता रहे यही मेरा सपना है था और रहेगा,

जिसको साकार करने की मेहनत मेरी हमेशा रहेगी और विश्वास है एक दिन जरूर सफल होंगी... बस आपका प्यार और आशीर्वाद बना रहे यही मेरी कामना है...

सपना देखा है वो करना है साकार,

करूंगी इस खातिर घोर परिश्रम,

अपनी कलम से लाऊंगी बदलाव,

इस खातिर रहूंगी सदा प्रयत्नशील,

दोगे न आप लोग मेरा साथ,

क्योंकि यह देश हमारा है,

सभी भारतीय मेरे भाई बहन हैं,

यह मात्र कोरे कागज पर अंकित नहीं,

वरन मेरे दिल की आवाज है,

जिसको साकार करना मेरा लक्ष्य,

समाज कल्याण और प्रगतिशील विकास,

सुदृढ़ भविष्य की नींव है,

जिस खातिर मैं हमेशा तैयार,
और लिख कर रही जागरूक करने का प्रयास,
माना मुश्किल है पर हार कहां मानी है,
जब तक सांस में सांस है,
तब तक दिल में आस बरकरार है,
परिश्रम से हर मंजिल आसान है,
लक्ष्य थोड़ा बडा है,
पर करके मुझे दिखाना है,
कि बदलाव अगर करना है,
तो खुद को पहले बदलना है,
कलम की ताकत अभी देखी नहीं,
यह तो वो तलवार है,
जिससे कांप जाए संसार,
क्योंकि इसमें वो बल है,
जो दिलाता लोगों को न्याय है,
जरा सोचो न्यायालय में बैठा जज,
जब लेता अंतिम निर्णय तो,
करता कलम से हस्ताक्षर,
और बन जाती वो पत्थर की लकीर,
जिसे कोई मिटा नही सकता,
क्योंकि इसमें वो ताकत है,
जिससे कांपता हर इंसान है,

27. अंत मे बस इतना कहना चाहूंगी

अंत मे बस इतना कहना चाहूंगी हमारा समाज गाड़ी के दो पहिए की भांति है जिसमें संतुलन रखना अत्यंत आवश्यक है क्योंकि कहते हैं वहीं देश प्रगति करता है जहां सबको रोजगार के अवसर मिले नये नये बदलाव समाज में विकास को बढ़ावा देते हैं इसलिए नारी को कमजोर या अबला न समझे वो भी भावी देश की जिम्मेदारी को संभलाने के काबिल और सक्षम है जिस प्रकार आज वर्तमान मैं हमारे भारत की 15 वीं राष्ट्रपति श्रीमती द्रौपदी मुर्मू जो न केवल एक मध्यमवर्गीय परिवार से हैं अपितु उस जगह से भी ताल्लुक रखती है जहां उन्होंने असीम संघर्षों का सामना करते हुए अपनी काबिलियत से यह देश का सर्वोच्च पद प्राप्त किया है,

आज की स्त्री सब पर भारी ये सिर्फ कहावत कहने के लिए नहीं बनी बल्कि वर्तमान भारत की सच्चाई है जिसे हर समाज शुरू से नकार रहा था पर अब आज की हकीकत है, क्योंकि जहां पहले महिला घर की चारदीवारी में कैद रहती थी वो आज आसमां की बुलंदियों को छू रही है और जो महिलाएं घर चलाती थी आज देश के अहम पद पर कार्यरत हैं,

बना रही वो नयी पहचान,

छू रही आसमां की बुलंदियों को,
कर रही अपने सपने पूरे,
संभाल रही देश का शासन,
आसीन वो सर्वोच्च पद पर,
मानो लगता भारत देश प्रगति की ओर है,
जहां सिर्फ चौले चुके के लिए जानी जाती थी,
उनका अस्तित्व धूमिल धुंए सा,
बस पहचान इतनी कि वो नारी है,
आज निकल रही घरों से बाहर,
तोड बंदिशो की जकड़न को,
भर रही ऊंची उड़ान,
लगता मानो देश कर रहा उन्नति है,
वो सिर्फ मां थी बेटी थी,
आज आसीन सर्वोच्च पद पर,
वो देश के विकास की राहों में,
दे रही अपना भरपूर्ण योगदान,
लगता मानो अब देश विकसित हुआ,

28. जो देती महिलाओं को एक संदेश

सचमुच आज हम फक्र से कह सकती है यह देश हमारा है हम उसकी जागरूक नागरिक हैं जिसको देश में समान अधिकार और कर्तव्य प्राप्त है हम भी भावी पीढ़ी का गौरव है हमारी भी अपनी अलग पहचान है हम किसी पर निर्भर नहीं बल्कि देश की बागडोर हमारे हाथों में सुरक्षित है,

जिसका जीता जागता उदाहरण हमारी 15 वीं राष्ट्रपति श्रीमती द्रौपदी मुर्मू जो न केवल अपने नाम से बल्कि जीवन भर जिन संघर्षों को पार कर उन्होंने यह मुकाम हासिल किया है उस काबिलियत से पूरे देश मैं उनका नाम है उनकी पहचान है...

जो देती महिलाओं को एक संदेश -

मुश्किले हमारी मंजिलों में आने वाली बाधा है,

पर खुद पर दृढ़ विश्वास है और दिल में जूनून,

तो हर चुनौतियां बड़ी आसान है,

बस पार कर उन चुनौतियों को,

बनानी अपनी एक पहचान,

कि हम कमजोर या निर्बल नहीं,

न किसी के साथ की हमे है जरूरत

हम काबिल भी है और सक्षम भी,

हर चुनौतियां का सामना करने के लिए,
यह विश्वास हमारी ताकत है,
जिसे हर हाल में बरकरार रखना है,
तभी जिंदगी की जंग लड़ना आसान है,
नहीं तो पल रहे हजारों शैतान यहां,
जिनकी बनकर तुम कठपुतली,
करेंगे वो तुम्हारी अस्मिता पर खिलवाड़,
इसलिए व्रज सी कठोर बनो,
और कोई तुम पर नजर डाले,
तो उसका वो हाल करो,
जिससे यह संसार भी कांपे,
कोई तुम्हारी मदद नहीं करेगा,
इसलिए खुद इतनी सशक्त और काबिल बनो,
कि अपनी सुरक्षा स्वयं कर सको,
और अपने काम से ऐसी पहचान बनाओ,
कि लोग तुम्हें तुम्हारे स्टेटस से नही,
तुम्हारे कॉम से पहचाने,
तुम पति या पिता के नाम से नहीं,
बल्कि अपनी काबिलियत से पहचानी जाओ,
दुनिया में लाता वो खुदा है,
पर उस पर भी एतबार हैं,
जो मिलता उसमें इंसान खुश नहीं,
करता अधिक पाने की कामना,
और इस खातिर उठाता गलत कदम,
और कह लाता वो इंसान नहीं,
बल्कि एक ऐसा कलंक,
जिस पर मानवता शर्मसार है,

इसलिए वो करो जिससे सबका हित हो,
चाहे स्त्री हो या पुरुष तुम देश की नींव हो,
मत करो ऐसा काम जिससे धिक्कारे तुम्हें देश,
तुम तो वो मिशाल बनो जिस पर हो सबको फक्र,
जीवन आपका है आपको ही तय करना है कि उसको
संवारना है या बिगाड़ना ।

Ywg.official

Young Writers Group (YWG.OFFICIAL) is an organisation which is working to help writers in showcasing their work in front of vast number of readers . We offers a budget friendly packages to our writers. We are working as a writer's helping society. You can have a talk with us regarding publishing your book on our instagram :@YWG.OFFICIAL

Or you can drop your mail on ywg.co.in@gmail.com Else you can also contact us on following numbers

Akash: 7404390981

Aashika: 9634644516